이정홍 詩 제5집

침묵
그 아픔이여

침묵 그 아픔이여

펴 낸 날 2018년 10월31일

지 은 이 이정홍
펴 낸 이 최지숙
편집주간 이기성
편집팀장 이윤숙
기획편집 이민선, 최유윤, 정은지
표지디자인 이민선
책임마케팅 임용섭, 강보현
펴 낸 곳 도서출판 생각나눔
출판등록 제 2008-000008호
주 소 서울 마포구 동교로 18길 41, 한경빌딩 2층
전 화 02-325-5100
팩 스 02-325-5101
홈페이지 www.생각나눔.kr
이 메 일 bookmain@think-book.com

• 책값은 표지 뒷면에 표기되어 있습니다.
ISBN 978-89-6489-905-2 13810

• 이 도서의 국립중앙도서관 출판 시 도서목록(CIP)은 서지정보유통지원시스템 홈페이지(http://seoji.nl.go.kr)와 국가자료공동목록시스템(http://www.nl.go.kr/kolisnet)에서 이용하실 수 있습니다(CIP제어번호: CIP2018033412).

이정홍 詩 제5집

침묵
그 아픔이여

생각나눔

• 시인의 말 •

끝나지 않은 작업
오늘도
습관적으로 집을 나섰다.

시대와 자신에게 저항 없이
생존을 위해
이곳저곳 기웃거리며 살았던
삶
면면히 살펴봐도
도전의 역사는 보이지 않고
요즘 더 시시하게 시간을 산다.

공짜 지하철에
코엑스 도서관에서 공짜 책을 읽고
공짜 피서를 한다.
요즈음 와서 잃어버렸던 내가 있다는 사실에
놀라곤 한다.
새삼 잃어버렸던 나를 찾고 싶다

서가에서 시집을 꺼내든다

아, 글 속에
혹시 나를 찾을 수 있는 길이 있지 않을까
그러나 내게는
아무 의미가 없는 사색의 췌언들
뿐
진정 나를 찾는 작업을 시작해야 할 것인지, 그만
둘 것인지
시간은 점점 미궁 속으로 빠져드는데
해야만 하는 일일까
내게
아직도 그런 일이 남아있다니

이제 돌아가야 할 시간
젊은이들 틈 사이로 발걸음을 옮긴다.
혹시, 그 속에 내 작업의 답이 있지 않을까.

사랑하는 김윤서, 김윤혁 건강하게 잘 자라길 바라며 이 책을 투병 중인 아내에게 바친다. 담당 편집디자이너 이민선 씨, 교정 담당자 강보현 씨에게 감사를 드립니다.

차례

나의 사막에는

– 나에게 부치는 글 –

오늘도

나는 나미브사막

그곳

모래언덕을 힘겹게 오른다

홀로 생의 갈림길에서

잠시 멈춰 선다

모래바람이 휘몰아치는

사구

그곳에

보인다

아직도

사막

한 중심에 피어있는

붉은 장미꽃이

오늘이 아름다워

하늘에는
얼마 전 전에 보였던
내일이 보이지 않는다.

발밑을 보니
얼마 전에 있었던
어제는 어디로 갔는지

앞을 보며
가슴에 손을 댄다.
심장 뛰는 소리가 아름답다.

오늘이
5월이,

덩달아
내일이

어제가 아름답다.

오늘이
내일이고 어제인 나에게

사랑은 7월에 하자

태양의 불꽃이
젊은
심장을 태워버릴 듯

그렇게 사랑을 하자

화산이
뿜어내는 용암 기둥처럼
불같이 사랑을 하자

태양 흑점이 소멸하듯
죽음을 걸고
피를 토해내며
생애
단 한 번의 사랑을 하자

사랑의 불꽃이 소진될

때

두려워하지 말고

한 줌의 재로

이별도 뜨겁게 하자.

7월에 그렇게 사랑을 하자.

내가 떠나는 날

눈을 감으며 괴테는
'더 많은 빛을'

나는
떠날 때
햇빛이 좋은 날 가고 싶다

흐리고
비 오고
북풍이 불면
태생적으로 나는 가슴앓이를 한다

그래서
나는 사막으로 가야 한다
빛의 모태인
태양이 향연을 벌이는

사막에서

날을

가리지 않고 자유롭게 떠날 수 있다

햇빛이 언제나 좋은 날이므로

콜 니드라이 변주곡

때 꾹 낀 옷을 벗어 흔들어도
누가 하나
오가는 시선이 없다

차라리 거리의 악사처럼
콜 니드라이 변주곡을
연주하면 어떨까.

알몸으로 다시 태어나도
시간을 뛰어넘지 못한
바람이
내 심장을 단조로 조율하는 오후

밤이 되어야 해가 넘는데
달은 다시 아침으로 간다.
구름 때문인가
아무래도 좋다,

새 옷으로 갈아입지 않아도

열려있는 속죄의 길을 버리고
나는 다른 길을
거꾸로 거꾸로

그해 겨울은

가슴에 숨겨진
그리움을
가을바람에 실려 보낸다

시간과 거리가
아무리
가까이, 멀리 있어도

빈 가슴을 찌르는
그대의 외면에

맨몸을 적시는
가을비
그해 겨울은 얼마나 추울까.

둔치에서 만나다

탄천 둔치 길
하얀 비둘기
한쪽 다리를 짤록 거린다

그 뒤를 귀가
큰 반려견 뒤뚱댄다
나 또한 균형을 잃고 절뚝거린다

두 다리 멀쩡한데 왜 그럴까

마음이
편견과 독선으로
늘 한쪽으로 기울어져 있어

중심의 이탈로
삶을 절뚝거리게 한다

이른 아침

새와 개 그리고 내가 둔치를 걷는다

절뚝절뚝

침묵, 그 아픔이여

처음 본 순간, 당신은
그대로
그리움이 되고

이제는 가슴에 박힌 옹이로
통증에 시달리는데
그 아픔을
왜 외면하는지 묻고 있다

그리움, 그것만으로 고통인데
긴 시간, 침묵으로 말하는
당신

또 다른 통증으로 시달리고

그리해도 침묵은 그리움으로 더 깊어져

내 죽음에 이르는 날
그때 비로써
당신은 침묵을 깨트리겠지

나는 말하리라
그것은 통증이 아니라 사랑이라고

그곳에는

모란시장 한 중심에서
생각 없이 오도카니 서 있다

내 곁을 스쳐 가는 사람들

모두가 활기차다
그런데
눈물이 난다.
무작정 눈물이 난다.

상인들의 외침에
장마당이 소란스러워도
눈물이 난다

푸른 하늘을 보아도
찬란한 빛
그 빛에 외로워 눈물이 난다

장이 파하고

사람들은 바삐 어디론가 뿔뿔이 사라진다

내가 서 있는 이곳은

어디로 갈 것인가

갈 곳이 없다.

이제 눈물을 멈출 때가 됐는가 보다

무신(霧神)도의 전설

전설이 된 안개의 섬
무신도
바람은 비껴가고 파도는
숨죽이는
섬에

짙은 안개로 휘장을 치고
바다의 여신은
홀로 달빛에 목욕을 한다

섬에 달빛이 내리면
어부들의 바닷길은 막히고
거센 풍랑에 휩쓸려
섬은
더욱 짙은 안개 속에 가라앉는다.

지금도

무신도에 달빛이 내리면

늙은 어부들은

아이들에게 전설이 아니라고

달의 기다림

도시에 불빛이 꺼지고
어둠이 찾아들면

안개가 스멀스멀
도시를 점령한 것일까.
안개를 도시가 포획한 것일까

어둠은 밤새 뒤척인다

이 논쟁을 끝낼
태양은 잠들고
바람은 침묵한다

달은 평온이
어둠이 걷히기를 기다린다.

달은 기다림의 역사가 있어

태양이 뜨고

바람이 침묵을 깨트리면

달의 기다림도 끝나고

내일 또 태양이

생존은 감동인데
삶은
왜 이렇게 지쳐 있는가.

하늘을 봐라
허리를 꼿꼿이 세우고
가슴을 활짝 열어
삶의 날개를 힘껏 펼쳐라

날아라 날개여
잠시 생명을 내어 준
자연에 감사하며

집에서 거리에서
비록 무엇을 이루지 못해도
생존, 그것은 기쁨인 것을

오늘, 태양이 뜨면

또 내일이

감동으로

새로운 나를 기다린다

호수가 전하는 말

호수에
폭풍이 몰아치던 날
그녀는 홀연히 떠나갔다

빛깔 고운 하늘을 보며
잔잔한 수면에
얼굴 비춰보기를 좋아하던
그녀는

바람 부는 날에
호숫가에 가지 않는다
물결에 부서지는 얼굴이 싫다며

그녀가 떠난 후
바람 불지 않는 날
호수에
푸른 하늘이 내려앉고

누구를 위함인지
수면에
그녀의 얼굴이 비친다고

호수는 내게 이런 말을 전한다

나의 선택 의지는

태어남은
자연의 뜻으로
내
의지가 선택한 생이 아님을

그런데
자연은 태어난
그 후의 선택은 나의 의지에
맡긴다

생존이
선택의 문제로
매 순간이 매듭지어질 때.

고통이다.

태어남과 죽음처럼

그것도

내 의지가 아닌 운명인가

동짓달 길

찢어진 창호지 틈새로
한겨울
달빛이 들어와 꽂힌다

월훈이 그려지고.
얕은 숨소리가 머물러

긴 밤이 죄스러운 동짓달이
떠나지 못한
귀뚜라미 소리를 보낸다.

그 소리에 달빛은 깨어지고
가늘게 이어지는
기침 소리가 받는다.

밤은
여기저기 흩어진 빛 조각들을 모아
하늘길을 열고

환상 속으로

눈부시게 아름다운 아침
아무 예고 없이 농장을 찾은
그녀

얼굴을 타고 흐르는
땀이 안쓰러워
하얀 손수건을 내민다

여리게 떨리는 손이
내 심장의 떨림처럼 보인다

작업복에 긴 머리를 질끈 매고
호미로 풀을 뽑는 손길이.
가엽게 느껴진다

풀은 쌓여가고
눈가에 흐르는 땀방울이

아침 이슬처럼 영롱하게 빛난다

5월, 흙냄새에
나뭇잎은 싱그럽고
눈부신 그녀의 얼굴에 햇빛은
그늘로 숨고

별을 따는 소년

소년은
여름밤이면 바닷가에서
긴 장대로 별을 따려 한다
꿈을 따듯

청년이 되어
불가능을 알게 된
소년은
마음으로 별을 따기 시작한다

별들이 가슴에 넘쳐난다
그러나
소년의 입꼬리에 주름이 잡힐
무렵
그것이 허상임을 깨우치고

어느 날

노인이 된 소년은 별을 따다 쓰러졌다
비로소
하늘에서 별을 따게 되었다

오늘도 바닷가 모래 언덕에
소년이
따다 놓은 별들이 쌓여가고

어쩌란 말이냐

나는
그리움이란 단어에
왜 이리 아픈가

아무에게나 소리쳐
말하고 싶지 않은
비밀을
품고 있어 아픈가 보다.

어쩌란 말이냐

바람 소리에 귀 기울여도
나의 신음 소리를 듣지 못하는
그리움아

저린 가슴에
푸른 하늘을 안아 양육하는

나의 일터에

가을은 왜 이리
그리움을 앗아갈 듯
아름답게 키우는가

나를 외면하며

어머니의 나무

어버이날에

어머니는
내가 힘들어할 때
언제나 손을 내밀어 안아주며
귀 기울인다

어머니는 하늘의 나무며
나무는 어머니의 화신이다

어머니는 나에게 말한다
'아들아
내가 곁에 없을 때
혼자 힘들어하지 말고
나에게 하듯
그렇게 나무에 기대 거라

나무의 넓은 가슴이
너의
슬픔을 안아 줄 것이니'

오늘도 나는
나무에 기댄 채 하늘을 본다.
어머니의 얼굴을

리스본행 야간열차

영화를 보고 있다
모차르트의
주제곡이 흐른다

리스본에는 비가 내리는데
야간열차에 오르는
그레고리우스

나는
미키스 데야도르키스의
'기차는 8시에 떠나가네'
그 열차에 무작정 오른다

차창에 비친 불빛이 애잔하다
어디쯤 가고 있을까.

긴 시간 달려왔는데

이제
어느 역에서 홀로 내려야 할지

아, 나는
기다림이 없는
까테리나에서 내려야 하는데

가상의 세계 속으로

생이 끝나기 전에
삶의 먹거리로
소비해 버린
추억을 새로 생산해야 할까

그러지 말자.
시간은 짧고, 만들 거리는 부족하니
일상에서 벗어나
가슴을 풀어헤치고

남은 시간에
가상의 세계, 가상의 공간을 짓자

새로운 꿈을 심어 영원히
소멸하지 않는
미래를 가꾸고 소비하자
가상의 공간에선 가능하니까

시간은 제 먼저 가라 하고

가상의 공간에 나를 맡기자

아내의 숨소리

한밤
문득 잠에서 깨어났다.

창문이 어슴푸레 하다
아내의 숨소리가
달빛 사이로
아기의
숨소리처럼 평화롭다

생명의 소리는
한 편의 아름다운 시이며
음악이다.

해가 뜨려면
많은 시간이 남아있는
한 겨울밤

오래간만에

편안하게 잠든 아내의 모습

안도의 숨을 쉰다

예술가적인 삶

예술가이고 싶지는 않지만
단지
예술가적인 삶을 살았으면

시와
음악, 한 폭의 그림을 보며

생에 대한 성찰과
고통과 환희를
더불어
자연과 내가 하나가 되는 삶을

가능하다면
창조의 고통과 기쁨을 함께하며

때로 그들의
자유로운 영혼과 만나고 싶다

예술가가 아닌

예술가적인 삶을 통해서

가장 좋은 오늘

지구의 달력으로
새해는
숫자를 하나 더하는 외에
어떤 의미가 있을까

절망하지 않지만
시간의 나이로
나에게, 꿈꾸는 내일은 없다.
다만 오늘이 있을 뿐

내 나이에
도전,
그것이 무엇인지 알기에
함부로 다짐하지 못하는
나는
소소한 일에 기뻐하고
함께

웃고 웃어주는 누군가 있어

새해 아침을 맞으며
모든 오늘이
생애 가장 좋은 날이기를

소리로부터 자유

인간의 귀로
들을 수 있는 소리와
듣지 못하는 소리가 있어

신의 영역이지만
나는
그 인간의 한계를 넘는
소리를 듣고 싶다

거기에는
어떤 비밀과 신비가 숨어 있을까
놀라움?
과연 그것은

요즈음, 나는
모든 소리를 거부하고
탈출을 꿈꾼다

내면의 영적인 소리까지도

그것이
완전한 나의 평화이며
자유인 것을

노파와 교회

시골
한적한 마을 숲 속
멀리
보이는 교회가 아름답다

생의 짐을 내려놓은
가을빛의
한 노파가

까만 가죽 표지의
성경책을 가슴에 품고
야트막한 언덕길을 힘겹게 오른다

맑은 영혼이
가을 한낮 볕에 따사롭다

크고 아름답지 않아도

교회는

말씀이 있는 곳

그녀의 하늘 집이다

기다림의 운명

홀연히
당신이 시선을 돌리거나
거두어도
슬퍼하지 않습니다

시선을 돌리는 곳에
늘 내가
먼저 가 있기 때문입니다

구름이
시선을 가로막고 비바람 쳐도
나는
당신을 볼 수 있습니다

눈이 아닌
영혼의 시선으로 보기에

죽음이 나를 기다리듯이
당신을 기다립니다
그것이
운명이라면 말입니다

작지만 큰 기쁨

젊은 날
수많은 꿈의 편린과 시간을
허투루 낭비하고

이제
얼마 남지 않은 시간 앞에
남은
조각들을 조심스레 맞춰본다

자괴감에 허우적거리다
어느 날 문득
삶의
길목에서 발견한 작은 일들을
주섬주섬 거두어 의미를 찾으면

일상의 사소한 일들이
이제는 소소한 즐거움으로

젊은 날의

기쁨보다 더 크게 다가와

오늘을 산다.

부처의 미소

석굴암 부처의 미소는
어딘지 모르게
우주적이고
가까이하기에
너무 신비스러워 경외감이 든다

서산 마애삼존불 미소는
인간적이며
자비로움이
그대로 마음에 느껴져 편안하다

어쩌면 부처가 구현하려는
이상은
신비스러움을 벗고
시속의 한 중생으로

그곳이 어디든

우리와 함께 어울리며 나누는

무구한 미소가 아닐까

나의 빙산은

모든 사물이
눈으로 보이는 것
현상
그것이, 전부가 아니라면
여간 혼란스럽지 않다

빙산이 보이는 부분이
전체의 1/10이면
보이는 나와
보이지 않는 나의 비율은

이렇듯
나의 실체는 어디에 속해 있을까

보이지 않는
내가 진정한 실체라면
그러면

보이지 않는 나는 어떤 나일까

마음이 혼란스럽고 무겁다

영혼을 판다면

지금 여기서
남은 내 영혼을 판다면
살 사람이 있을까

이미 청정한 영혼을
모두 소진한
오늘의 나를

거리를 돌아다니며 물어본다
내 영혼을 사라고

그가 말한다.
'이제
청정함을 잃어
쓸모가 없어진 너의 영혼을
누가 사겠냐고'

‘혹시

메피스토펠레스라면’

할머니와 목화밭

할머니가 일하시는
동구 밖
나지막한 언덕 위
목화밭

머리에 흰 수건을 쓰신
할머니
저 멀리서
나를 보고 환하게 웃으신다

이내 꼬옥 안아주시던
할머니의 아늑한 품

나른한 한여름 오후
잠시 허리를 펴시며
먼 하늘을 바라보신다.

할머니의 눈가에 그늘이 내리고

소식 모르는 아들
그리움이 이슬처럼 맺힌다

할머니와 목화 열매

어린 시절
6·25 피난 때
할머니를 생각하며
어렵게 목화씨를 구해 심었다

싹이 트더니.
꽃이 피고
어느덧 열매가 열렸다

따서 맛을 본다
할머니가
껍질을 벗겨 속살을
입에 넣어주실 때의 그 맛이 아니다
실망이다

문득
그때 그 향긋하고 부드러운 맛은

목화 열매의 맛이 아니라

할머니의
따듯한 사랑 그것이라고

겨울 목화 꽃

온화하고 따듯한 느낌의
한해살이 풀
목화
여름과 겨울 두 번 꽃이 피다

여름에는
엷은 녹색과 붉은색의 꽃을

늦가을
검붉은 열매가 터지며
숨은 열정을 쏟아낸
하얀 목화송이는

한겨울
큰 눈송이가 내려앉은
듯
의연하게 가지마다 피어있는

하얀 목화송이 꽃

눈 덮인 산하 더욱 눈이 시리다

엄마의 얼굴에는

줄무늬 구름이 드리운
동해 바닷가

해가 뜬다

아침
바다가 순산을 했나 보다

햇살이
어린 소년의 얼굴에 가득하다

두 손을 높이 들고
소리쳐
해를 맞이한다

소년의 그림자가
비친 곳

그곳에

엄마의 가슴 벅찬 눈물이

내가 찾는 것

소년은 힘주어
당신이 찾는 것은 동구 밖에 있다고

방향을 잃고
이곳저곳 찾아다녔지만
어디에도 그것은 없다

천둥소리에
구름이 갑자기 소나기를 뿌리고

굵은 빗줄기 틈새로
서서히 푸른 하늘이 보인다
햇빛이다, 빛이다

당신이 찾는 것이 바로 이것입니까
소년이
무지개를 가리키며 웃는다

빗속의

소년은 누구며

내가 찾는 것이 그것인가

무인도에서

어부는 조심스럽게
그 섬은
바람이 사는 무인도라 했다

세차게 몰아치는 바람을
뚫고
무작정 배를 대고 섬에 오르니
어젯밤 꿈에
본 그녀가 보이지 않는다

자신이 살고 있어 무인도가 아니라고
살포시 입꼬리를 올리며
웃는 모습이 기억에 옅지 않은데

정말 무인도인가

바람이 분다.

어부와 배는 어디로 간 것일까
어부는 말하리라
그녀와
내가 있는데 또 그 섬은 무인도라고

좋은 글 읽기

일상생활에
지침이 되는 좋은 글들
때로 나를
스스로 작아지게 한다

그것에 비추어 삶을 돌아보면
생각이나 행동이
얼마나 치졸했는지
절망하며

삶에 미안하고
진정 후회하고 있는데
이 시점에
그 글이 지금 무슨 의미가 있을까

이 나이에
좋은 글이라는

이름으로 더 이상 나를 괴롭히지 말자

평소대로 조용히
누구를 사랑하고
미워하며 때로는 그리워하면서

10월이 오면

오랜 시간이 지난
지금
원시의 빛으로 빚어
낸
맑은 눈동자와 붉은 입술

그래서
미소 지을 때
입꼬리가 예쁜 여인

당신은 그런 여인입니다.

아, 그러나
10월이 오면
이 모두를 버리고

당신은 그냥 그리움입니다

철새가 되어

붉은 태양이 따듯한
늦가을 아침
철새무리를 향해 소리친다

새가 되어
자유롭게 하늘을 날고 싶다고

푸른 깃털의 철새가 말한다
나는 당신이
당신은 내가 되는 것이라고

뜻밖의 제안에 잠시
침묵
재촉하는 눈초리를 피해
주위를 둘러본다.
대지가 눈부시게 빛난다.

긴 침묵

어깨를 툭 치며 건네준

철새의 일기장에

내 이야기는 지워지고

침묵하는 사랑이

그리움에 지쳐서
시간을 기다리지 못하고

그녀에게
얼핏 속내를 보인 잘못이
아픔이 된
지금
경박함을 뉘우치지만

사랑할 때
그 끝은 절망이지만
사랑에 앞서
그리움의 끝은 아프지만 아름답다

무상에 기대
침묵이 끝나는 그 날까지
그리움은

그녀의 시간과 다투지 않고
기다려야 한다

나의 품사

찻잔을 내려놓으며
진지한 건지
장난인지
그녀는 거침없이 말을 던진다

'너의 삶을 품사로 말한다면'
느닷없는 질문에
머리가 허허롭다

생각해 본 적이 없다
그런데 진정
나는 어떤 품사로 살았을까

망설이는 순간
얼핏 스쳐 가는 단어가 있다
조사 정도?

대답 대신

그녀 모르게 씁쓸한 웃음이

그녀의 시간은

그녀는
입춘 날, 봄이 지났음을 말하며
회귀선을 따라
달궈진 여름을 밀어내고

어디쯤일까
가을이 작은 신호를 보낼 때
다른 시간을 훔칠 채비를 한다

그리고
가을을 재촉해 밀쳐내고
겨울의 시간으로 넘어간다

그 자리에서
지구의 공전이 가져온 변화에
승선해

그녀만의 시간의 탑을 쌓으며
겨울을 밀치고
화려한 봄 축제를 어지럽게 준비한다

회전문에서

어느 병동보다
가라앉은 분위기의
암 병동, 회전문에 들어선다.

그들의 어두운 표정 속에
숨김없이 들어낸
절박한 희망의 눈빛에서
살고 싶다는 절실함이 짙게 묻어나고

그들에게
죽음을 초월해 토해내는
절대적인 힘은
그래서
역설적으로 절망보다는 희망이 넘쳐나는
곳

치열하게 암과 싸우는

그들과 가족 모두에게
삶의 원색적인 욕구가 실현되는
회전문이 되기를

가지치기

그해, 과일 농사는
거름보다
가지치기가 중요한 일로

많은 가지들 중
어떤 가지를 자를 것인가
몹시 난감하고 어려운 일이다

내 삶의 가지치기를
망설이고 미루다 시기를 놓쳐버렸고

남은 시간
더 나은 생을 기대하며
전정가위를 들었다

스스로 나를 쳐낼 수 있을까

온갖 욕망과 치기 어린 가지들
뼈를 깎듯
과감하게 잘라냈다

그런데 남아있는 가지가 없다

자연의 뜻

시간은 느리지 않게
경계를 향해 가고 있는 듯

고통은 심해지고
마음은 나락으로
어디에도 보이지 않는 한 줄기
길
그래서 절망한다

길을 찾지 못하는 것일까
못 보는 것일까
간절히 빌면 소망이 이뤄질까

이미
기도와 저항은 나의 길이 아님을

간절함을 내려놓은

오늘

고통 없는 평정심으로

자연의 뜻을 따르는 일

그것이 나의 길인 것을

새로운 문

시간은 늘 그렇듯이

삶이란, 누구에게나
선택의 여지 없이
문을 통과하는 과정이라며

네 앞의 놓인 문을 열고
반드시
들어가야 한다고

지금까지
내 의지와는 관계없이
문을 열면
새로운 장이 시작되고

어느덧
몸은 쇠잔해 가는데

또 다른 큰 문 앞에 서서

불안과 호기심으로
어떤 장이 열릴까 기다리고 있다
시간은
이 문이 마지막 문이라고

아홉 명의 자식들

십여 년 전
어린아이 아홉 명을 입양했다

비옥한 땅은 아니지만
보살핌과 성장통을 겪으며
이제는
힘찬 근육과 그늘을 드리우기도

한 아이를 잃은 슬픔도 겪었지만
나는
지금 과분한 보상을 받는다

아이들은 계절에 따른
많은 이야기를 전해 준다
하늘과 땅과
바람,
새와 벌레들의 이야기까지

인간의 이야기가 아닌

그들의 세계, 자연의 이야기를

내가

돌아갈 그 날의 이야기까지

이런 친구

가을비가 내리면
나는
외롭지 않아도
이런 친구를 만나고 싶다

내 말에
맞장구치며 함께 웃고
마음 놓고 울 수 있는

베토벤을 좋아하고
멋으로 시를 읽고 미술관을 찾는
그런 친구를

가끔은 술잔을 기울이고
함께 산을 타고
여행을 하며
에스프레소를 즐기는

그럴 때마다
'야 인마 꿈 깨'라며
어깨를
툭 치고 웃어주는 친구를

오동잎 소리

시골 농장에
어디서 씨앗이 날아왔는지
오동나무
한 그루 솟을 듯 자란다

동네 촌부가 지나다가
이제 봉황만 날아오면 되겠다며
웃는다. 진심 어린 말이다

길조의 새
봉황은 벽오동에만 앉는다든가
그러면
집안에 큰 경사가 난다는데

어젯밤 꿈에
왕실 문장의 봉황을 보았다

오늘 밤에는 날아오겠지
어디선가
날갯짓 하는 소리가 들린다

가을바람에 오동잎 지는 소리

무제

그가
나에게
갑자기 이런 질문을 던졌다.

친구야
오래 살면 무엇이 좋지

나도 그런 질문 속에 사는데

누군가 나에게
하나의 답을 준다

오래 사는 것
그 자체가 좋은 것이라고

그런데
무엇에 대한 답이 될까

여인의 향기

유난스레
그녀에게서 커피 향이 나는 듯하다.
말과 생활모습에서

자메이카 블루마운틴
하와이 코나
예멘의 모카
이런 고급 커피가 아닌

척박한 산지에서
자생한
자연 그대로의 원두 향이 느껴진다

그녀에게서
아메리카노
카푸치노
라떼보다

에스프레소의 진한 향이 난다.

짙은 향과 톡 쏘는 쓴맛이
잠시
알싸하게 입안에 감돌다

그 향미가
온몸에 그대로 스며드는
에스프레소 같은 그런 여인이다.

당신이 떠나면

땅이
원하지 않는다는 억지로
구름의 힘을 빌려
빛을 막아 훼방을 논다

단순히
어둠이 길을 막아
당신이 여기에 머물기를 바라며

바람 불어 구름 흩어지면
그 꿈이
얼마나 허망한지를

그러면
당신은 자유롭게 떠나겠지
은빛 날개를 펼치고

그날

당신을 잃은

나는 어둠 속에서

죽음의 날개를 퍼덕이고.

바람도 상처를

내가
머무는 영혼의 쉼터에
언제부터인가
낯선 바람이 헤집고 다녀

오늘도 어김없이 찾아드는
날 선 바람을
온몸으로 막아보지만
늘 헛수고로 끝난다

아물지 않은
지난 상처까지 휘젓고 다녀
밤이 되면
심한 통증에 시달린다

왜 그럴까
아마

상처받은 바람이
내게서 쉴 곳을 찾는가 보다

바람은
무슨 이유로 상처를 받을까

어머니의 한복

곱게 한복을 입은 여인을 보면
단아한 모습으로
옷을 지으시던
어머니의 모습이 떠오른다

옛 여인의 혼이 담긴
어머니의 옷은
진정
예술의 경지에 이른 작품이다.

마름질하시는 곁에서
천 자투리를 자르며 놀던
아련한 내 유년시절은
어디에

시대가 외면한
어머니의 바느질 소품들은

내 생의 한 부분인데

어느덧
이 모든 시간의 기억은 멀어져가고
그리움만

나미브 사막

아프리카 남서쪽 남위 25도
벵겔라 한류가 흐르고
오랫동안 잊힌 땅
나미브 사막

자연의 혹독한 의지가 엿보이는
곳
신비롭지만 인간을 거부하는 사막에서

기온 차가 만들어낸
아침 이슬로 하루를 살아가는
작은 생명의 생존 의지를 본다.

그래서
굶주림과 갈증을 이겨내는
이런 과정이 자연이 준 시련이라면

그 경계에 사는

우리도

그들과 같은 존재인 것을

경제원칙

한 시간 정도의 거리의
작은 농원에
일일이 풀을 뽑고
삽으로 파 배추를 심는다

일하다 말고 가끔
가을을 알리는 빛과 소리
푸른 하늘과 바람 소리를 듣는다

그가 한 말이 떠오른다
'배추를 사는 편이
훨씬 비용이 덜 들 텐데
경제원칙에 어긋나지 않느냐고'

맞는 말이다.

그런데 말이다.

친구야

그런 내가 그리 싫지는 않다

원칙에

벗어나는 삶 그 또한 삶이 아닐까

배우지 말자

우리는 평생 배우며 살았고
배운 것을
생의 수단으로, 그냥 버리기도

죽음
이제 공부할 나이가 아닌가.
그런데, 죽음에 대해
무엇을
어떻게 배우고
어디에 사용하는지

인간의 영역이 아닌 데
가르치고 배워서 될 일인가

우리가
의식하지 못할 뿐
삶은

스스로 늘 죽음을 배우는 있는 데

아니면

그냥 그대로 맞이하면 되는 것을

몇 살

고통은 원죄인가

아프리카 오지의
어린아이들
지금
그들은 이유 없이 죽어간다

진정 그들은 원제의 멍에를 쓰고
태어난 것인가
그래도
그들의 의지가 아닌데
태어남이 어찌 죄가 되는지

누가 구원할 것인가

기아와 질병에
신음하며 죽어가는
그들에게 그것이 신의 뜻이라고
애써 외면하는 우리

그들은

혹시 우리들의 속죄양은 아닌지

채점지를 받다

그는
그동안 나를 채점한 시험지를 내준다

이상하다
연극이 곧 끝나가는데
갑자기 채점지를 내미는
이유는

이제 나보고 어떻게 하라고

하여튼
모든 것을 수용한다 해도
삶을 채점한다고?
어떤 기준을 정해도 정답이 없는데

그는
모든 사람이 인정한

잣대가 있다고 주장하지만

분명 나는 알고 있다

삶에는

그 어떤 정답이 없다는 것을

마음의 정원

땀과 인내로
내 꿈이 실현된 정원에서

이미 존재감을 상실한
또 다른 정원.
마음의 정원에 들어선다

잊지는 않았지만
그동안 방치했고
돌보지 않아 황무지가 된
마음의 땅

먼 길 돌아
이제 지친 몸을 쉬게 할 곳은
오직 이 폐허의 정원뿐

시간이 없는 나에게

이제라도 밖의 정원을
안으로 옮기는 작업을 해야겠다
더 늦기 전에

작음의 미학

나는 키도
생각도
거기다 마음의 나눔까지 작다

모든 게 다 작아
크게 태어나지 못한 것이 억울하다

왜 그게 내 잘못이냐고
운명을 탓해 본다
핑계가 있어 조금은 위안이 된다

작지만 정말 작지만

큰 것보다 더 큰 것이 있다는
위안으로
껄끄럽지 않게 작은 삶을 살고 있다

허세를 부린다 해도

할 말은 없다

작은 마음에 그 말을 담을 공간이 없으니

어찌하겠는가

어느 하루의 시작

일찍 잠자리에 든 까닭일까
03시 11분
밤중에 깨는 건
나이 듦의 현상이리라

무엇을 할까

원두를 갈아 커피를 내리니
향이 코끝을 스친다
이런 즐거움에 밤을 지킨다

어제 냇가에서 본
참나리꽃에 대한 글을 쓴다
꽃말이 기개라고
꽃도 꽃말도 마음에 든다

이렇게 나의 하루는

참나리꽃과

밤과 새벽 사이에 시작되고

가을

하늘은
斜線을 그리며 옮기는
스산한 그림자에서

도시는 비 온 뒤
빌딩의 차가운 불빛과
바람 소리에서

나는
홀연히
훌쩍 떠난 여인의 뒷모습에서

가을이 왔음을

하늘과 바람이 버린
낙엽처럼
내 삶이 버린 흔적을 지우고

가을

빈 몸으로

철새의 날개 위에 앉는다.

자연이 주는 평등

우리의 삶은
진정 누구에게나 평등한가
그렇게 살고 있나

소유의 차이를 느낄 때
누구나
좌절하거나 분노하며
그것이 우리를 슬프게 한다

하지만
우리 자연의 시간은
아주 평등하게
죽음의 문에 다다른다

그때가 되면 비로소
소유란
잠시 스쳐 가는 바람과 같은 것

누구든 가리지 않고

모든 것을 버린 빈 몸이 된다.

비로써

우리 영혼은 자유롭고

자연은 그렇게 평등하다

새해의 소망

올 새해의 아침은
산이 아니라 식탁에서
첫 햇빛에 커피로 시작한다

어제와 오늘
아무런 차이가 없는 나이에
그래도 새해에 작은 소원을

언제나 같은 소망이지만
올해도 세계의 평화보다
늘
건강한 삶을 사는
아내와 아이들이기를 빌어본다

그리고 나를 위해
이런 작은 꿈도 가져본다
올해는

인생과 문학과 예술을 공유하는
그런 친구를 만났으면

만나지 못하면 어떠랴
내년을 기다리지

그녀와의 동행

태어나면서
내 의지와 관계없이
그녀와 동행은 시작되지만

이유는 물론
어디로 가는지조차
침묵으로 답하며
잠시 멈추거나 돌아보지 않는다

나이 듦에
비로써 가는 곳과
그녀의 실체를 알았어도
동행은 계속된다

어느덧 그곳에 다다랐는가 보다

고별하는 고하는 자리에

그녀의 말

'이제부터

당신이 그토록 원했던

영원한 자유를 주겠다고'

내세와 보증인

종교인이건 아니건
인간은 종교적이고
내세를 믿기에

아내는
지금 사후 세계 보다
현세의 시간이 더 절실해

내세의
영생과 겁의 시간 중
찰나의
시간만이라도 빌릴 수 있다면

여기에 담보가 필요할까
신용대출은
혹시, 보증인이 필요하다면

신용도가 낮은

내가 보증을 설 수 있을지

꿈속에서

한밤중
가위에 눌려
께름칙한 꿈에서 깨어나니
갑자기 부모님 생각에

아내를 깨우며
'당신, 미국에 가신 부모님께
전화 좀 해요'

잠에서 덜 깬
아내가 전화를 건다
흐릿한 불빛에
번호가 틀렸는지 확인하고 다시 건다

전화를 걸다 말고
아내는
'아버님, 어머님 돌아가셨어요'

아, 떠나신 지

이십여 년의 지났지만

두 분은

항상 우리 곁에 함께 하신다

이런 별별 인간

박완서 선생님은
노년에 어느 글에서
다시 태어나고 싶지 않다고

신의 영역이지만
하여튼, 다시 태어나거나
태어나지 않는 것
어느 편이 좋을까

우유부단한 나를 향해
곤혹스럽게
선택을 하라고 다그치면

혹시, 나에게
무한한 자유를 준다면
생각해 보겠노라고

그 님이 탄식조로

요즘 왜

이렇게 이상한 인간들이 많은지

빈손으로 가자

하늘은 놀랍게
이곳으로 돌아올 때
소중한 것 하나만 가지고
오라 한다

무엇을 택할까

이승에서
가장 귀중한 가치인
돈과 명예와 권력도 없으니

참으로 마땅히 가지고 갈 것이 없어
그래
빈손으로 왔으니 그냥 빈손을 가자

하늘은
아마 모든 것을 미리 알고

놀리듯

그런 말을 했는가 보다.

도시의 안개는

안개 낀 장충단 공원
가수는 가고 없는데
지금도 안개는 여전히 끼고 있을까

옛적 그때의 안개는
밤에 시골과 도시에
자연스레 찾아들고

안개에 싸인
아침 산하는 평화로워
신비스러움으로 가득한데

밤을 빼앗긴
도시의 안개는 어디로 간 것일까
빌딩에 가로막히고
먼지에 가려져 길을 잃은 것인가

안개마저 빼앗긴 도시는

가쁜 숨을 몰아쉬고

우리는

언제 안개 속에

고요히 묻힌 빌딩 숲을 볼 수 있을까.

기억하는 나무

때로 봄은
빛깔을 달리해
잠시 시간의 흐름을 되돌려

묘목으로
자작나무를 심으며
문득
나는 스피노자의 사과나무를
생각한다.

나는 왜 나무를 심고 있나
내일이 분명치 않은 나이에
혹시
나무가 오래
나를 기억해 주기를 바라며

봄바람이 어린 가지를 깨운다

묘목이 비스듬히 웃고

나도 모르게

허허로운 웃음이

참나리 7월에 피다

7월의 열기에
꽃이 피고 여름이 가면 지는
꽃

고고해서 고독해 보이고
개방적으로
항상 기개 있게 피는
참나리

외롭고 강인한
잎줄기에
살눈을 숨기듯 드러내고
다음 세대를 이어가는
참나리

자유롭고 뜨겁게 자신의 길
그의 7월을 산다.

봄이 올 때쯤이면

3월은
그리운 사람과 이별해야 하는
시간인가 보다.

그대는 떠날 준비를 하고
어느 시인처럼
나는, 그대를 보내지 않았으니

티 없이 맑은 눈은
숨이 막힐 듯 벅찬 감동으로

작은 속삭임에
심장을 고동치게 하고
그것이 사랑임을 알게 해 준
그대

정녕

매몰차게 나 홀로 남겨 놓은 채
떠나려 하는지

봄맞이하는 들뜬 거리에서
그대를 잃은 슬픔에
나는 거리를 떠돌고

어제 다섯 번째 시집원고를 출판사에 넘겼다.

네 번째 출간한 후 꼭 3년 만이다.

거리에 나섰다. 가을빛이 도는 하늘아래 행인들의 표정도 한 결 밝아 보인다.

커피숍에 들려 혼자서 자축이라도 할까.

왠지 궁상맞다는 생각이 들어 전철역까지 그냥 걷기로 했다.

그런데 생각처럼 마음이 가볍거나 기쁘지 않다. 전과는 전혀 다른 느낌이다.

딸을 시집보내는 기분이다.

왜 그럴까. 마지막 시집이 될지도 모른다는 생각때문일까?

전철을 탔다. 비교적 한가하다. 자리를 잡고 앉았다. 눈을 감는다.

마음이 개운치 않고 쓸쓸한 것은 이 원고가 마지막 글, 시집.

그것 때문에 분명 그런 것 같다.

이 처연한 기분이 정말 싫다. 어디서 내릴까. C에

게 전화를 해 불러낼까.

그것도 아닌 것 같다. 이 기분으로 그를 만나봤자 서로 불편할 것 같다.

그가 내 기분을 이해해 준다면 모를까. 그렇지 않다면 기분이 더 처질 것 같다.

그냥 집으로 가자. 분당선으로 바꿔 탔다

복잡하다. 노인들만을 위한 칸 갔다. 그런데 그것이 짜증이 난다.

그들의 얼굴이, 옷매무새가, 빛바랜 눈빛이 그리고 마치 잠을 자듯 눈을 감고 있는 모습이.

마치 나는 늙은이가 아닌 것처럼 말이다. 내 초췌한 감정 때문에 애매한 그들이 내 짜증의 대상이 된 것. 그것 또한 짜증스럽다. 사실은 내 모습을 보는 것 같아 잠시 그런 생각을 했는가 보다. 미안하고 송구스럽다.

생각 없이 습관적으로 Y역에서 내렸다.

마트에 들렸다. 유난히 수요일에는 사람들로 북적댄다. 그날은 할인 폭이 큰가 보다.

이것저것 살펴보지도 않았고 오늘은 공짜 시음 커

피도 마시고 싶지 않았다.

아내의 부탁으로 아보카드 몇 개를 사들고 나왔다.

초가을의 빛에 눈이 부시다.

아파트 단지 내로 들어섰다. 앞에서 젊은 여인이 아기를 앞으로 안은 채 오고 있다.

아기를 향한 그녀의 표정이 아름답다고 느껴진다. 엄마 품에 안겨 잠자는 아기의 모습이 보고 싶다. 진정 아기의 잠든 모습을. 조금은 마음이 진정되는 듯하다.

추석이 며칠 남지 않았다.

나도 어머니 품에 안겨 오늘 하루 겪었던 내 감정의 찌꺼기들을 어린아이 투정부리듯 털어놓고 싶다.

위안받고 싶다. 아버지에게도

2018.9.27.